AF296866

Nouveau SOLFÈGE DE RODOLPHE,

Remis à la portée des Voix,

avec la Basse chiffrée de manière qu'il suffit de connaître les intervalles, pour accompagner sans difficulté; augmenté d'un traité complet des éléments de la musique; de l'indication des endroits où l'on peut respirer et des diverses modulations qui se rencontrent dans le courant de chaque leçon; de l'étendue naturelle des différentes voix, et de plusieurs autres améliorations,

Par
P. VAILLANT,

de la musique du Roi & de l'académie royale de musique.

Ouvrage approuvé par l'Institut et par les principaux
Professeurs de France.

(voyez Page 1.)

Op. 24   Prix 18 fr.

Propriété de l'Éditeur.   2me Edition.   Déposé
                              Revue et augmentée.

A PARIS, au Magasin de Musique et de Pianos, de P. VAILLANT, Auteur et Éditeur,
Rue Montmartre, No 178, près le Boulevard.

(V. 72)

RAPPORT DE L'INSTITUT ROYAL DE FRANCE.

Après avoir examiné avec la plus scrupuleuse attention le travail de M! P. Vaillant sur les solféges d'Italie et de Rodolphe, nous avons reconnu, à l'unanimité, qu'il a rendu un service éminent à l'enseignement musical; que la méthode employée par lui dans ce travail est d'une grande clarté et dénote un savoir approfondi. Nous ne doutons nullement du succès qu'il doit obtenir, et M! P. Vaillant nous semble mériter, sous tous les rapports, les félicitations des professeurs et la reconnaissance des élèves.

Les Membres de la section de musique, académie des beaux arts de l'institut Royal de France,
Signé: L. Cherubini, Le Ch.er Berton, vice Présidant, Lesueur, Boïeldieu, Paer, Auber.

Approbation de MM. les Professeurs de l'Ecole Royale de Musique.

Depuis long-temps, de grandes défectuosités faisaient abandonner les Solféges d'Italie et de Rodolphe; cet abandon était d'autant plus fâcheux que ces deux ouvrages indispensables n'avaient pas encore été remplacés, et que, peut-être, ils ne l'auraient jamais été. En les remettant à la disposition des professeurs, revus, corrigés, augmentés, entièrement refondus, tels, enfin, qu'on pouvait le désirer, M! P. Vaillant vient de rendre à l'art musical un service vraiment signalé, et nous nous empressons de lui en témoigner toute notre reconnaissance. Signé: Habeneck, Hérold, Halévy, Benoist, Schneizoeffer, Bordogni, Leborne, Rigaut, Amédée, Lami, etc.

AVANT-PROPOS.

La supériorité des Solféges d'Italie et de Rodolphe est trop généralement reconnue pour que j'aie besoin de la rappeler ici; je dirai seulement, avec tous les Professeurs expérimentés, qu'ils sont indispensables à l'enseignement musical. Malheureusement, les leçons de ces deux Solféges avaient beaucoup trop d'étendue dans le haut. Cet inconvénient était d'autant plus grave qu'il fatiguait excessivement les voix, s'il n'entraînait pas leur perte totale, et qu'il n'était pas même possible d'y obvier par la transposition, puisqu'alors les leçons auraient eu trop d'étendue dans le bas.

Je conçus l'idée de remettre à la portée des voix tous les passages trop élevés, sans rien changer, pourtant, à la contexture des leçons. Mon plan bien établi, je le communiquai à plusieurs musiciens d'un mérite reconnu qui l'approuvèrent beaucoup, et qui m'engagèrent à le mettre promptement à exécution.

Nonobstant les paroles flatteuses par lesquelles on cherchait à m'encourager, je ne me dissimulai point toutes les difficultés que j'avais à vaincre, toutes les connaissances qui m'étaient nécessaires et, particulièrement, tout ce qu'il y avait de délicat à retoucher les productions des Leo, des Durante, Hasse, Porpora, Scarlati, Caffaro, Mazzoni, David-Perez, etc. Enfin, après bien des hésitations, enhardi par trente et quelques années de Professorat, par le bon accueil que le public fit à mes productions en général, et en particulier à mes Méthodes de Violon, de Violoncelle, de Flûte, de Clarinette, de Cor, de Trombonne, de Guitare, etc. et surtout par le désir d'être utile à mon art, je me décidai à entreprendre ce grand ouvrage que j'offre aujourd'hui au public, après trois années d'un travail assidu.

J'ai augmenté chaque Solfége d'un traité complet des éléments de la musique, de l'indications des endroits où l'on peut respirer et des diverses modulations qui se rencontrent dans le courant de chaque leçon, de l'étendue naturelle des différentes voix, et de plusieurs autres améliorations. J'ai, de plus, disposé les Basses d'accompagnement de manière à ce qu'elles puissent être chantées par la voix de Basse-taille, ce qui présente deux avantages importants; d'abord, le nombre des leçons pour cette voix était fort petit; par ce moyens, sans grossir le volume, je l'ai considérablement augmenté; ensuite, chaque leçon peut être chantée en Duo, de même que les Duos de David-Perez deviennent, à volonté, de véritables Trios.

J'ai voulu aussi remédier à un très grand vice de l'enseignement: l'accompagnement d'après la Basse chiffrée, qui est déjà très difficile pour les personnes qui sont harmonistes, est entièrement imposible pour les personnes qui ne le sont point; ces dernières sont forcées, en jouant la Basse de la main gauche, de jouer la leçon de la main droite, d'où il résulte que les élèves dont l'oreille est passablement organisée, saisissent et font entendre les intonations, que l'instrument seul leur a communiquées, avec une promptitude telle, qu'il est presqu'imposible de s'apercevoir qu'ils ne les ont pas trouvées d'eux-mêmes; et s'ils continuent ainsi leurs études, ils apprennent les leçons par cœur sans les avoir déchiffrées, ne deviennent que des routiniers et jamais des musiciens. (✳)

Pour déraciner ce vice, j'ai trouvé le moyen de chiffrer la Basse à trois parties, de manière qu'il suffit de connaître les intervalles et de savoir qu'un 3 représente une Tierce, qu'un 5 représente une Quinte, etc, pour accompagner avec facilité sans pouvoir faire de faute, puisque les chiffres représentent deux parties aussi distinctes que si elles étaient écrites en notes. La main gauche touche la Basse simple, et la main droite touche les deux parties représentées par les chiffres.

L'étude qu'on devra faire pour se familiariser avec cette manière d'accompagner, loin d'être pénible, ne sera qu'une agréable récréation, puisqu'on découvrira, dans les deux parties de la main droite, des chants toujours différents de la leçon écrite.

(✳) Le même vice existe dans les écoles où l'on fait chanter une leçon par plusieurs élèves ensemble: l'un communique l'intonation à l'autre.

TRAITÉ COMPLET DES ÉLÉMENTS DE LA MUSIQUE. (✳)

Demande. De quoi se forme la Musique?—Réponse. La musique se forme de deux parties principales; savoir : le Son, et le Temps qui règle la durée du Son.

ARTICLE PREMIER.
De la manière de représenter les sons.

Dem. Comment s'écrit la musique?—R. La musique s'écrit sur cinq lignes, parallèles et horizontales dont la réunion se nomme Portée. Mais comme ces cinq lignes ne suffisent pas toujours à l'étendue des voix ou des instruments, on ajoute, en dessus et en dessous de la portée, de petits bouts de lignes qu'on nomme lignes supplémentaires. Les lignes et les interlignes se comptent en commençant par en bas.

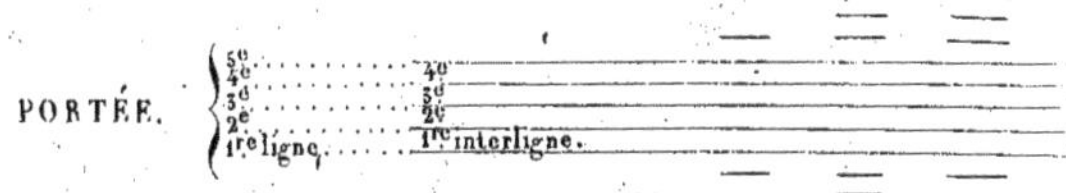

PORTÉE.

D. Comment représente-t-on les sons?—R. Pour représenter les sons, on place, soit sur les lignes, soit dans les interlignes, des signes qu'on appelle Notes. Il y a sept noms de notes; savoir : UT, RÉ, MI, FA, SOL, LA, SI.

D. Comment détermine-t-on la position des notes?—R. Pour déterminer la position des notes, on place au commencement de la portée un autre signe qu'on appelle Clef. Il y a trois Clefs qui sont : la Clef de FA 𝄢, la Clef d'UT 𝄡 et la Clef de SOL 𝄞. Chacune de ces Clefs, posée sur une des lignes de la portée, donne son nom à la note qui se trouve placée sur la même ligne.

D. Où se pose la Clef de SOL?—R. La Clef de SOL se pose sur la seconde ligne de la portée : la note qui se trouve placée sur cette seconde ligne est donc un SOL; ainsi, en partant de ce SOL, on trouvera facilement le nom et la position de chacune des autres notes; en observant avec soin l'ordre suivant; savoir : pour monter : SOL, LA, SI, UT, RÉ, MI, FA, SOL. Pour descendre : SOL, FA, MI, RÉ, UT, SI, LA, SOL.

EXEMPLE:

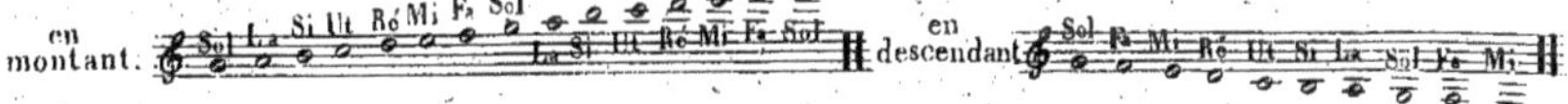

On écrit sur la Clef de SOL le Violon, la Flûte, le Hautbois, la Clarinette, la Trompette, le Cor, le Flageolet, la Guitare, la main droite du Piano et de la Harpe, souvent les Voix de 1er et de 2d dessus, et les Solos de Violoncelle.

D. Où pose-t-on la Clef d'UT?—R. La Clef d'UT se pose sur la 1re, sur la 2e, sur la 3e et sur la 4e ligne.

EXEMPLE:

Pour trouver le nom et la position des notes sur chacune des quatre Clefs d'UT, On fera ce qu'on a déjà fait à la Clef de SOL, avec cette différence, qu'au lieu de commencer par SOL, on commencera par UT, et l'on dira, en montant : UT, RÉ, MI, FA, SOL, LA, SI, UT; en descendant : UT, SI, LA, SOL, FA,

---

(✳). A la 1re leçon du Solfége, j'ai indiqué les articles de ce traité dont on doit prendre connaissance avant de solfier. Il ne faut pas exiger que l'élève apprenne tout de suite par cœur ces principes: cela pourrait le fatiguer et même le dégoûter, mais il est essentiel de le questionner souvent pour les lui rappeler; de cette manière, ils se graveront peuà-peu dans sa mémoire sans qu'il s'en aperçoive.

MI, RÉ, UT. On écrit sur la Clef d'UT 1ere ligne, les voix de 1er et de 2d dessus. La Clef d'UT 2de ligne ne sert que pour la transposition. On écrit sur la Clef d'UT 3e ligne, l'Alto, le Trombonne-Alto, la Voix de 3e dessus, et, autrefois, la Voix de 1er Ténor qu'on nommait improprement Haute-contre. On écrit sur la Clef d'UT 4e ligne le Trombonne-Ténor, les Solos de Basson et de Violoncelle, et les Voix de 1er et de 2d Ténors.

D. Où se pose la Clef de FA? — R. La Clef de FA se pose sur la 3e et sur la 4e ligne.

EXEMPLE: Pour trouver le nom et la position des autres notes, on dira, pour monter: FA, SOL, LA, SI, UT, RÉ, MI, FA; pour descendre: FA, MI, RÉ, UT, SI, LA, SOL, FA. La Clef de FA 3e ligne ne sert que pour la transposition. On écrit sur la Clef de FA 4e ligne la Contre-Basse, le Violoncelle, le Basson, le Trombonne-Basse, le Serpent, l'Ophycléide, la main gauche du Piano et de la Harpe, les Timballes et la Voix de Basse-taille.

D. Quel rapport ont les Clefs entr'elles? — R. Pour se former une idée juste du rapport que les Clefs ont entr'elles, il suffit de savoir qu'un son quelconque, un UT, par exemple, quoique changeant de position chaque fois qu'il change de Clef, n'en reste pas moins le même son sur toutes les Clefs.

EXEMPLE 

ARTICLE II.
De la Durée des sons.

D. Comment détermine-t-on la Durée des sons? — R. La Durée des sons est déterminée par la figure des notes qui les représentent. Il y a des notes de sept figures différentes, et, par conséquent, de sept différentes durées, ou Valeurs de temps; savoir: la Ronde qu'on a déja vue, la Blanche, la Noire, la Croche, la Double-Croche, la Triple-Croche, et la Quadruple-Croche.

D. La Ronde vaut? . . . .
R. 2 Blanches . . . .
D. 2 Blanches valent?
R. 4 Noires . . . .
D. 4 Noires valent?
R. 8 Croches . . . .
D. 8 Croches valent?
R. 16 Doubles Croches . . .
D. Qui valent?
R. 32 Triples Croches . . . .
D. Qui valent?
R. 64 Quadruples Croches . .

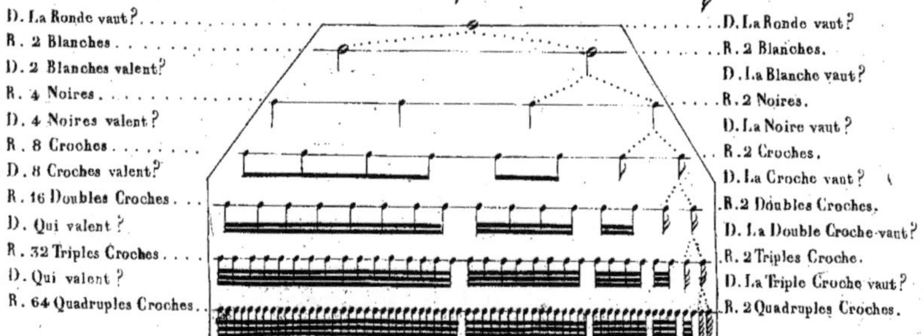

D. La Ronde vaut?
R. 2 Blanches.
D. La Blanche vaut?
R. 2 Noires.
D. La Noire vaut?
R. 2 Croches.
D. La Croche vaut?
R. 2 Doubles Croches.
D. La Double Croche vaut?
R. 2 Triples Croche.
D. La Triple Croche vaut?
R. 2 Quadruples Croches.

Ainsi, il ne faut pas plus de temps pour faire 64 quadruples-Croches que pour faire une seule Ronde.

Outre les sept figures de Notes ci-dessus, il y a encore la Note Carrée qui vaut deux Rondes; on la trouve particulièrement dans la Musique d'église.

D. Que signifie le Point? — R. Le Point placé immédiatement après une Note quelconque, en augmente la valeur (ou durée) de moitié; ainsi,

La Ronde pointée	La Blanche pointée	La Noire pointée.	La Croche pointée	La Double-croche pointée	La Triple-croche pointée
vaut une ronde et une blanche.	vaut une blanche et une noire.	vaut une noire et une croche.	vaut une croche et une double-croche.	vaut une double-croche et une triple-croche.	vaut une triple-croche et une quadruple-croche.

4

Si après le premier point il s'en trouve un second, il augmente de moitié la valeur du premier;

D. Que signifie le 3 et le 6?—R. Le chiffre 3 placé au dessus ou au dessous de trois notes, indique que ces trois notes, qu'on nomme triolet, n'ont la valeur que de deux. Le chiffre 6 placé au dessus ou au dessous de six notes, indique que ces six notes n'ont la valeur que de quatre;

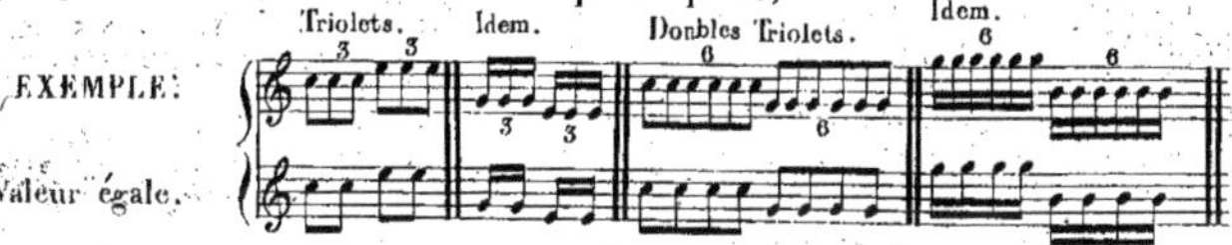

ARTICLE III.
Des silences.

D. Comment représente-t-on les Silences?—R. Il y a sept figures de silences qui correspondent en Valeur, ou durée, aux sept figures de notes; les voici avec les notes de même valeur au dessous:

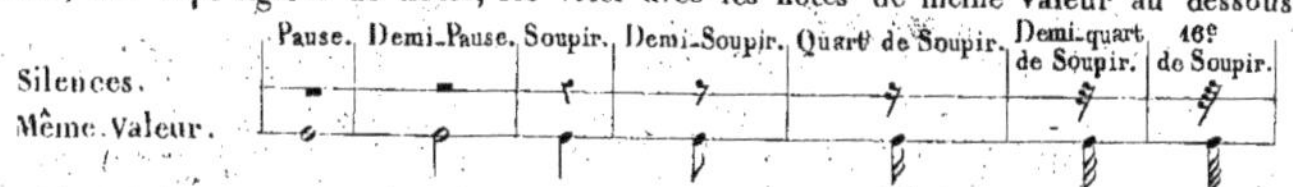

Ce que j'ai dit du point placé après une note, s'applique exactement au point placé après le Soupir, le demi-Soupir, le Quart de Soupir et le demi-quart de Soupir.

ARTICLE IV.
De la Mesure.

D. Qu'entend-on par Mesure?—R. Tout morceau de musique se divise en petites parties d'égale valeur qu'on nomme Mesures. Les mesures sont séparées l'une de l'autre par de petites barres verticales qu'on appelle Barres de Mesure; EXEMPLE:

D. Comment désigne-t-on les mesures?—R. Les différentes mesures se désignent par des signes ou par des chiffres placés après la clef, au commencement d'un morceau. La Ronde est toujours prise pour base de la désignation des mesures; par exemple, lorsqu'une mesure est désignée par deux chiffres l'un sur l'autre, le chiffre supérieur représente la quantité des notes qui composent la mesure, et le chiffre inférieur en représente la qualité ou la Valeur; ainsi, dans la mesure à Deux-quatre qui se désigne par $\frac{2}{4}$, le 2 représente deux notes, et le 4 indique que chacune de ces deux notes vaut la quatrième partie d'une Ronde: la mesure à $\frac{2}{4}$ se compose donc de deux noires, ou de la valeur de deux noires.

Les mesures sont simples ou composées; chaque mesure simple a une mesure composée qui lui correspond.

D. Qu'appelle-t-on les temps de la mesure?—R. Toute mesure se divise en deux, trois ou quatre parties d'égale durée qu'on nomme temps, et que l'on marque de la main ou de la pointe du pied, en battant la mesure sans bruit, et même sans que l'auditeur puisse s'en apercevoir. Dans les exemples des différentes mesures, chaque temps sera numéroté. Le premier temps se marque toujours en frappant sur la première note de la mesure; les autres temps se marquent comme je l'indiquerai.

Mesures à quatre temps.

D. Battez la mesure à quatre temps.—R. La mesure à quatre temps se bat ainsi : . . 2 ⟨ 3 ⁴ ₁

On nomme Forts le 1er et le 3e temps; on nomme faibles le 2e et le 4e temps.

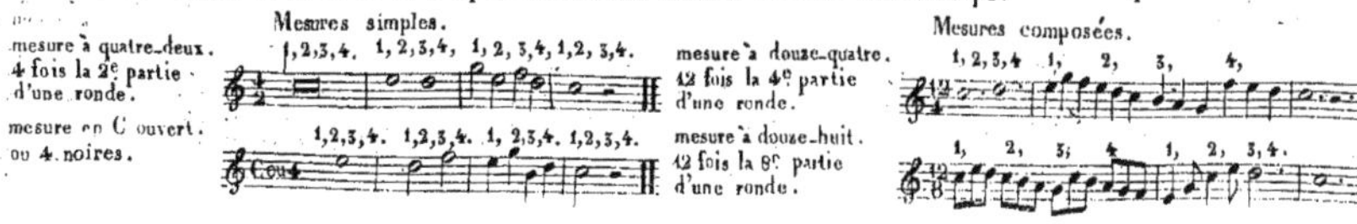

Mesures à trois temps.

D. Battez la mesure à trois temps. — R. La mesure à trois temps se bat ainsi:............ 3

On nomme le 1.er temps fort et le 3.e temps faible; le 2.e temps est plus souvent faible que fort.

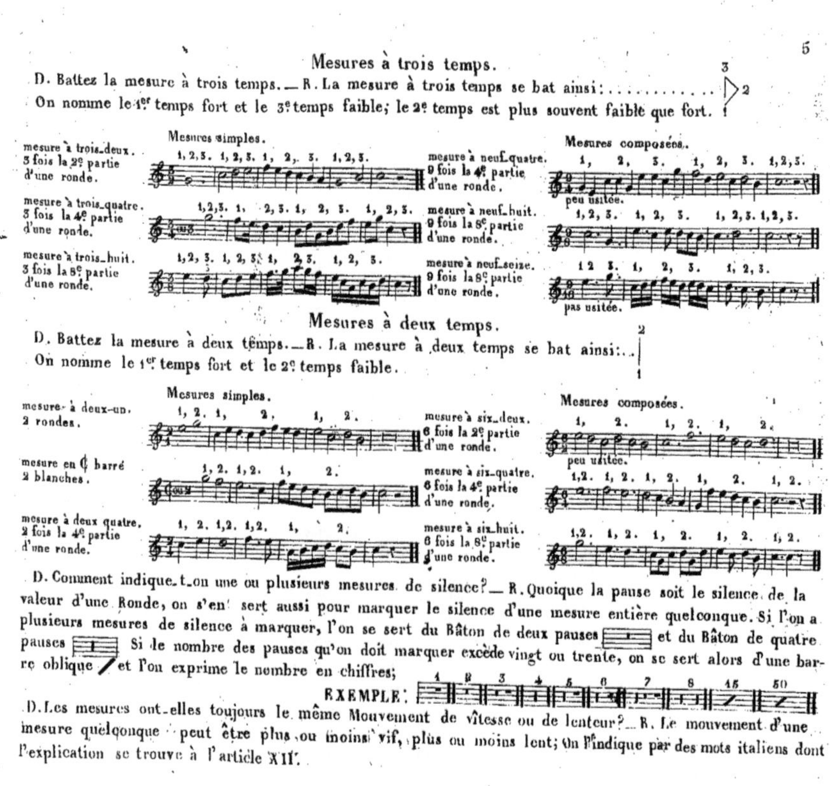

D. Battez la mesure à deux temps. — R. La mesure à deux temps se bat ainsi:.. 2

On nomme le 1.er temps fort et le 2.e temps faible.

D. Comment indique-t-on une ou plusieurs mesures de silence? — R. Quoique la pause soit le silence de la valeur d'une Ronde, on s'en sert aussi pour marquer le silence d'une mesure entière quelconque. Si l'on a plusieurs mesures de silence à marquer, l'on se sert du Bâton de deux pauses et du Bâton de quatre pauses Si le nombre des pauses qu'on doit marquer excède vingt ou trente, on se sert alors d'une barre oblique et l'on exprime le nombre en chiffres;

EXEMPLE:

D. Les mesures ont-elles toujours le même Mouvement de vitesse ou de lenteur? — R. Le mouvement d'une mesure quelconque peut être plus ou moins vif, plus ou moins lent; On l'indique par des mots italiens dont l'explication se trouve à l'article XII.

ARTICLE V.

Des notes coulées, des notes détachées, de la liaison et de la syncope.

D. Qu'entend-on par notes Coulées ou Détachées? — R. Plusieurs notes embrassées par un Coulé ————— ou —————, se font d'un seul coup d'archet ou d'un seul coup de langue et du même souffle. Les notes détachées moelleusement sont marquées par des points que l'on met au dessus ou au dessous; les notes détachées sèchement sont marquées par de petits traits aigus : il faut un coup d'archet ou un coup de langue pour chaque note.

EXEMPLE:

Ce que je viens de dire n'est que pour les instruments. Dans l'exemple que je donne ci-dessous de la manière de faire le coulé en solfiant, on verra qu'il ne faut nommer qu'une seule des notes qu'embrasse le coulé; que si le coulé n'embrasse que deux notes, c'est presque toujours le nom de la seconde qu'il faut articuler, en appuyant un peu, sur la première.

L'article X donnera plus de développement au paragraphe ci-dessus.

6

D. Qu'est-ce que la liaison? — R. La Liaison n'est pas autre chose qu'un Coulé droit, ⌢ ou ⌣, dont on se sert pour lier plusieurs notes sur le même dégré, c'est-à-dire, représentant le même son. Toutes les notes liées doivent être faites d'un même coup d'archet ou d'un même souffle, et, en solfiant, il ne faut nommer que la première.　EXEMPLE :

D. Qu'entend-on par Syncope? — R. Le mot Syncope signifie retranchement, coupure, et en effet, la Sincope semble couper, ou plutôt intervertir l'ordre des temps de la mesure. La liaison forme la plupart des Sincopes.

EXEMPLE :

ARTICLE VI.
Des Signes d'altération.

D. Quels sont les Signes d'Altération? — R. Il y a trois signes d'altération; savoir: le Dièse ♯ qui hausse d'un demi-ton l'intonation de la note devant laquelle il est placé; le Bémol ♭ qui, au contraire, la baisse d'un demi-ton; le Bécarre ♮ qui rétablit l'intonation naturelle d'une note qui avait été altérée par un Dièse ou par un Bémol.　EXEMPLE :

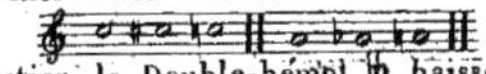

Le Double-dièse 𝄪 ou ♯♯ hausse d'un ton entier; le Double-bémol ♭♭ baisse d'un ton entier l'intonation de la note. Pour détruire l'action du Double-dièse, il faut un Dièse simple, et un simple Bémol pour détruire l'action du Double-Bémol.

Le Dièse ou le Bémol, employé comme dans l'exemple ci-dessus, est accidentel, et n'a d'action que dans la seule mesure où il se rencontre; mais il est de position lorsqu'il est placé au commencement des portées, immédiatement après la clef, et alors son action dure autant que le morceau, à moins qu'un Bécarre ne la fasse cesser.

Le Bécarre est toujours Accidentel, et n'a d'action que dans la mesure où il se trouve; à moins qu'il ne soit posé à la clef pour détruire, pendant le reste du morceau, l'action d'un Dièse ou d'un Bémol qui aurait aussi été posé à la clef, au commencement dudit morceau; mais dans ce cas, on ne le pose qu'une seule fois.

D. Dans quel ordre les Dièses et les Bémols se posent-ils à la clef? — R. Les Dièses se posent à la clef dans l'ordre suivant: FA, UT, SOL, RÉ, LA, MI, SI; et les Bémols dans l'ordre inverse: SI, MI, LA, RÉ, SOL, UT, FA.　EXEMPLE :

ARTICLE VII.
Des Intervalles et de leurs Renversements.

D. Que nomme-t-on Intervalle? — R. On nomme Intervalle la distance qui sépare une note d'une autre note. Les Intervalles sont simples ou composés, majeurs ou mineurs, diminués ou augmentés.

L'Unisson, quoique placé au rang des intervalles, n'est pas un intervalle, puisqu'il se forme de deux notes placées sur le même dégré.

D. Quels sont les Intervalles simples? — R. Les Intervalles simples sont ceux de seconde, de tierce, de quarte, de quinte, de sixte et de septième.

Le plus petit des intervalles est celui de seconde mineure qui ne se compose que d'un demi-ton, comme de SI à UT, et de MI à FA. Il n'y a pas de seconde diminuée.　EX.

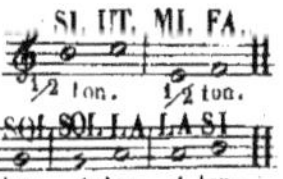

L'intervalle de seconde majeure se compose d'un ton entier, comme d'UT à RÉ, de RÉ à MI, de FA à SOL, de SOL à LA et de LA à SI.　EX.

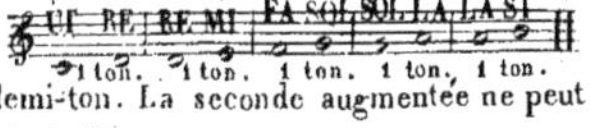

L'intervalle de seconde augmentée se compose d'un ton et d'un demi-ton. La seconde augmentée ne peut exister que par l'emploi du Dièse ou du Bémol, et souvent de l'un et de l'autre.

EXEMPLE :

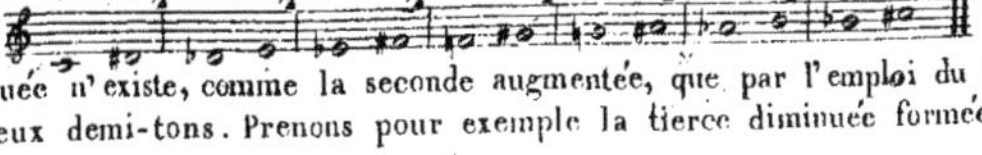

L'intervalle de tierce diminuée n'existe, comme la seconde augmentée, que par l'emploi du Dièse ou du Bémol; il se compose de deux demi-tons. Prenons pour exemple la tierce diminuée formée par UT Dièse et MI Bémol, et disons: d'UT Dièse à RÉ il y a un demi-ton, et de RÉ à MI. Bémol il y a un autre demi-ton; donc la tierce diminuée se compose de deux demi-tons. Je recommande à l'élève de faire cette preuve pour tous les intervalles. EX. de la tierce diminuée:

L'intervalle de tierce mineure se compose d'un ton et d'un demi-ton, comme de RÉ à FA, de MI à SOL, de LA à UT et de SI à RÉ. EXEMPLE: Faites la preuve.

L'Intervalle de tierce majeure se compose de deux tons, comme d'UT à MI, de FA à LA et de SOL à SI.
EXEMPLE: Il n'y a pas de tierce augmentée.

L'Intervalle de quarte diminuée se compose d'un ton et de deux demi-tons. EXEMPLE:

L'Intervalle de quarte se compose de deux tons et d'un demi-ton, comme d'UT à FA, de RÉ à SOL, de MI à LA, de SOL à UT, de LA à RE et de SI à MI. EXEMPLE: La quarte ne peut être ni majeure ni mineure.

L'Intervalle de quarte augmentée, qu'on nomme aussi Triton, se compose de trois tons, comme de FA à SI. EXEMPLE:

L'Intevalle de quinte diminuée se compose de deux tons et de deux demi-tons. EXEMPLE:

L'Intervalle de quinte se compose de trois tons et d'un demi-ton, comme d'UT à SOL, de RÉ à LA, de MI à SI, de FA à UT, de SOL à RE et de LA à MI. La quinte ne peut être ni majeure ni mineure. EXEMPLE:

L'Intervalle de quinte augmentée se compose de trois tons et de deux demi-tons. EX:

L'Intervalle de sixte mineure se compose de trois tons et deux demi-tons. Il n'y a pas de sixte diminuée. EXEMPLE:

L'Intervalle de sixte majeure se compose de quatre tons et d'un demi-ton. EX:

L'Intervalle de sixte augmentée se compose de quatre tons et de deux demi-tons. EXEMPLE:

L'Intervalle de septième diminuée se compose de trois tons et de trois demi-tons. EX:

L'Intervalle de septième mineure se compose de quatre tons et de deux demi-tons. EXEMPLE.

L'Intervalle de septième majeure se compose de cinq tons et d'un demi-ton. EX: Il n'y a pas de septième augmentée.

L'Intervalle d'octave se compose de cinq tons et de deux demi-tons. L'octave ne peut être ni majeure ni mineure, ni augmentée ni diminuée. EXEMPLE:

Pour reconnaître un intervalle quelconque, celui d'UT à FA, par exemple, il faut compter par ses doigts en disant: UT, RÉ, MI, FA; on trouvera quatre doigts; il y a donc intervalle de quarte d'UT à FA. Il faut ensuite chercher, en comptant les tons et les demi-tons, si l'intervalle est majeur ou mineur, augmenté ou diminué.

D. Qu'entend-on par Renversement ?__ R. Renverser un Intervalle, c'est transporter la note haute à une octave au dessous, ou bien la note basse à une octave au dessus; par ce moyen la note aigüe devient la note grave, et la note grave devient la note aigüe. Si l'on voulait renverser la Tierce majeure il faudrait transporter le MI à l'octave au dessous, et l'on obtiendrait la Sixte mineure Si cette même Tierce majeure était posée à une octave plus bas, on transporterait l'UT à l'octave au dessus, et l'on obtiendrait la même Sixte mineure

1 2 3 4 5 6 7 8

Ce petit tableau 8 7 6 5 4 3 2 1 fait voir du premier coup d'œil qu'un unisson renversé devient une oc-tave, qu'une seconde devient une septième, qu'une tierce devient une sixte, qu'une quarte devient une quinte, qu'unequinte devient une quarte, qu'une sixte devient une tierce, qu'une septième devient une seconde, et qu'une octave devient un unisson; seulement, il faut bien se pénétrer de ceci: qu'un intervalle juste renversé donne un autre intervalle juste, mais qu'un intervalle majeur en donne un mineur, qu'un mineur en donne un majeur, qu'un augmenté en donne un diminué, et qu'un diminué en donne un augmenté. Pour me rendre encore plus intelligible, je donne le tableau général des renversements:

D. Quels sont les Intervalles Composés? — R. Les intervalles composés sont ceux de 9e, de 10e, de 11e, de 12e, etc. On les nomme Composés parcequ'en ajoutant le nombre sept à un intervalle simple quelconque, on en fait un intervalle composé. Ainsi, l'intervalle de 9e n'est pas autre chose que l'intervalle de 2de auquel on a ajouté 7, en transportant la note basse à une octave en dessous, car 2 et 7 font 9. En ajoutant 7 à 3, 7 à 4, 7 à 5, etc. on verra que la 3ce devient 10e que la 4te devient 11e que la 5te devient 12e etc. Si l'on veut savoir ce que devient un intervalle de 15e réduit à sa plus simple expression, on ôtera 7 de 15, restera 8 on ôtera encore 7 de 8, restera 1 la 15e n'est donc pas autre chose que la double octave de l'unisson.

L'intervalle composé reste ce qu'était l'intervalle simple dont il dérive, c'est-à-dire, diminué, mineur, majeur ou augmenté; ainsi, une 2de majeure devient une 9e majeure, etc.

Je me suis un peu étendu sur cet article, parcequ'il est imposible de devenir sûr des intonations sans une connaissance parfaite des intervalles.

ARTICLE VIII.
du Ton, des Modes et des Modulations.

D. le mot Ton n'a-t-il qu'une signification? — R. On se sert du mot ton pour désigner, comme je l'ai dit, l'intervalle qu'il y a d'une note à celle qui la suit immédiatement, c'est-à-dire, une seconde majeure, comme d'UT à RÉ, etc. Tout morceau de musique étant établi sur une note principale que l'on nomme Tonique, on se sert aussi du mot Ton pour désigner cette Tonique; ainsi, lorsqu'un morceau de musique est établi sur la note RÉ, par exemple, on dit qu'il est dans le Ton de RÉ. (J'aurai le soin de souligner le mot Ton pris pour tonique).

Il y a sept notes; ces sept notes forment cinq intervalles d'un Ton chaque, et un intervalle d'un demi-ton. EXEMPLE:

chacun des cinq intervalles d'un ton est susceptible d'être divisé en deux demi-tons par le moyen du Dièse ou du Bémol; cette division, au lieu de sept sons nous en donne douze. EXEMPLE:

par le Dièse:

par le Bémol:

Chacun de ces douze Sons peut être pris pour Tonique, ou note principale du Ton.

D. Combien y a-t-il de Modes? — R. Chaque Ton a deux Modes, l'un majeur, l'autre mineur, et parconséquent deux Formules, ou dispositions des tons et des demi-tons.

Je donnerai pour exemple de tous les Modes majeurs celui d'UT, et pour exemple de tous les Modes mineurs celui de LA: ils sont les plus faciles à comprendre en ce qu'ils n'exigent ni Dièses ni Bémols à la clef.

Quoique les formules commencent par la Sensible, la Tonique n'en est pas moins la première note du Ton, puisque c'est par elle que se terminent ces mêmes formules.

Formule du Ton d'Ut, mode majeur.

L'on voit qu'il y a deux demi-tons dans la Formule du Mode majeur, le premier de la Sensible à la Tonique, le second de la 3e à la 4e note.

Le Mode majeur prend son nom de l'intervalle de tierce majeure qui se trouve entre la tonique et la 3e note, et de l'intervalle de sixte majeure qui se trouve entre cette même tonique et la 6e note.(voyez art 7).

La Sensible d'un Mode mineur est toujours marquée soit par un Dièse, soit par un Bécarre.

Formule du Ton de La, Mode mineur.

Dans la Formule du Mode mineur, il y a trois demi-tons, le premier de la Sensible à la Tonique, le second de la 2e à la 3e note, et le troisième de la 5e à la 6e.

Le Mode mineur prend son nom de l'intervalle de tierce mineure qui se trouve entre la tonique et la 3e note, et de l'intervalle de sixte mineure qui se trouve entre cette même tonique et la 6e note. (Voyez Intervalles, article 7).

Si l'on change les Formules en Gammes, en transportant la sensible après la 6e note et en ajoutant l'octave de la tonique, on trouvera encore le même nombre de demi-tons. EXEMPLE:

Mode maj.

Mode min.

D. Quel moyen employer pour Transposer un morceau d'un Ton dans un autre Ton? — R. Sur quelque note que soit établi le Mode, soit majeur, soit mineur, l'ordre des demi-tons doit toujours être le même que dans les Formules ci-dessus; ainsi, pour établir le Mode majeur sur une autre note que l'UT, il faudra mettre à la clef le nombre nécessaire de Dièses ou de Bémols pour que cet ordre existe. Il en est de même pour le Mode mineur. Voilà l'emploi des Dièses et des Bémols de position. (voyez art. 6).

Exemple des douze Tons usités, en Mode majeur et en Mode mineur, avec le nombre de Dièses ou de Bémols qu'il faut à la clef. En commençant par les Bémols:

Mode maj.

Mode min.

En commençant par les Dièses.

Mode maj.

Mode min.

En Mode mineur, dans une Gamme un peu vive, en montant, on altère quelquefois la 6? note pour éviter l'intervalle de seconde augmentée qui se trouve entre cette 6? note et la Sensible. En descendant, on baisse quelquefois la Sensible d'un demi-ton. EXEMPLE.

D. Que signifie le mot Moduler?—R. Quoique le Ton soit établi sur une note quelconque, on n'en Module pas moins dans le courant d'un morceau; Moduler, c'est passer momentanément d'un Ton à un autre par le moyen du Dièse, du Bémol ou du Bécarre accidentel. Voilà l'emploi des signes d'altération accidentels.

Chaque Ton majeur est au milieu de deux autres Tons majeurs qui lui sont relatifs. Je dis au milieu parceque l'un est à la quarte inférieure et l'autre à la quarte supérieure. Il a aussi pour relatif le Ton mineur de sa tierce mineure inférieure; ainsi, le Ton majeur d'UT, par exemple, a pour relatifs majeurs les Tons de SOL (quarte inférieure) et de FA (quarte supérieure); et pour relatif mineur le Ton de LA (tierce mineure inférieure).

Chaque Ton mineur est de même au milieu de deux autres Tons mineurs qui lui sont relatifs, l'un à la quarte inférieure, l'autre à la quarte supérieure. Il a aussi pour relatif le Ton majeur de sa tierce mineure supérieure; ainsi, le Ton mineur de LA, par exemple, a pour relatifs mineurs les Tons de MI (quarte inférieure) et de RÉ (quarte supérieure); et pour relatif majeur le Ton d'UT (tierce mineure supérieure).

C'est à ces Tons relatifs que les Modulations se font le plus ordinairement.

ARTICLE IX.
Des différents signes usités.

D. Donnez-moi des exemples de quelques Signes dont on se sert en musique.—R. Les signes d'abréviation servent à représenter plusieurs notes par une seule, ou par un seul signe.

Les Reprises ‖: :‖ indiquent qu'il faut exécuter deux fois ce qui est entre les quatre points; la Barre Finale ‖ se place à la fin d'un morceau.

Le Renvoi 𝄋 indique qu'il faut reprendre où se trouve le même signe.

Le signe ⟨ indique qu'il faut enfler le son du doux au fort. L'autre signe ⟩ indique le contraire.

Le Point d'orgue ⌢ ou ⌣ se place sur une note ou sur un silence, et indique qu'il faut suspendre la mesure et s'arrêter un instant.

ARTICLE X.
Des notes d'agrément et des trilles.

D. Quelles sont les notes d'agrément?—R. Les notes d'agrément sont l'Appoggiatura, le Gruppetto de deux et de trois notes, et le Brisé ou Circolo mezzo. Ces notes sont faciles à reconnaître en ce qu'elles sont beaucoup plus petites que les autres. Elles n'ont point de Valeur; on prend le temps qu'on met à les exécuter sur la valeur des grosses notes qui précèdent ou qui suivent. En Solfiant, les notes d'agrément ne se nomment point, il ne faut nommer que les grosses notes desquelles les petites empruntent la Valeur.

D. Quelle est l'appoggiatura?—R. L'appoggiatura est une petite note qu'il faut couler avec la grosse note qui suit, et dont elle emprunte la moitié de la valeur, et les deux tiers, si cette grosse note est pointée. Appoggiare signifie appuyer: il faut donc appuyer plus sur la petite que sur la grosse note.

EXEMPLE.

Manière de l'écrire:

Manière de l'exécuter.

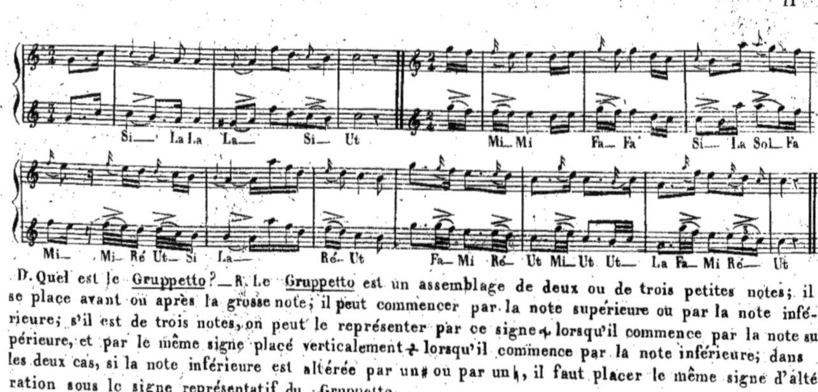

D. Quel est le Gruppetto?__R. Le Gruppetto est un assemblage de deux ou de trois petites notes; il se place avant ou après la grosse note; il peut commencer par la note supérieure ou par la note inférieure; s'il est de trois notes, on peut le représenter par ce signe ∾ lorsqu'il commence par la note supérieure, et par le même signe placé verticalement lorsqu'il commence par la note inférieure; dans les deux cas, si la note inférieure est altérée par un ♯ ou par un ♮, il faut placer le même signe d'altération sous le signe représentatif du Gruppetto.

Manière de l'écrire:

Manière de l'exécuter:

D. Quel est le Brisé?__R. Le Brisé ou Circolo mezzo s'écrit par quatre petites notes en forme de demi-cercle, ou s'indique par ce signe ∿; placé avant la grosse note, il s'exécute ainsi:

Manière de l'écrire:

Manière de l'exécuter:

Placé après la grosse note, il s'exécute de différentes manières. EXEMPLE:

Manière de l'écrire:

Manière de l'exécuter:

Lorsque le signe est placé Verticalement ♪, il indique que le Circolo mezzo doit se faire à l'inverse,
c'est-à-dire qu'au lieu de ╞═╡ ou de ╞═╡, il faut faire ╞═╡ ou ╞═╡.

D. Que nommez-vous Trille ? — R. Le Trille est le battement alternatif et rapide de la note qui porte le
signe *tr* avec la note au dessus. Il y a deux trilles : le petit et le grand.

Le petit trille, ou _Mordente_, peut être de deux, de quatre ou de six notes, suivant le degré de vitesse ou
de lenteur du passage où il se trouve placé ; on l'indique par l'un ou l'autre de ces deux signes *tr* ou ⌣.

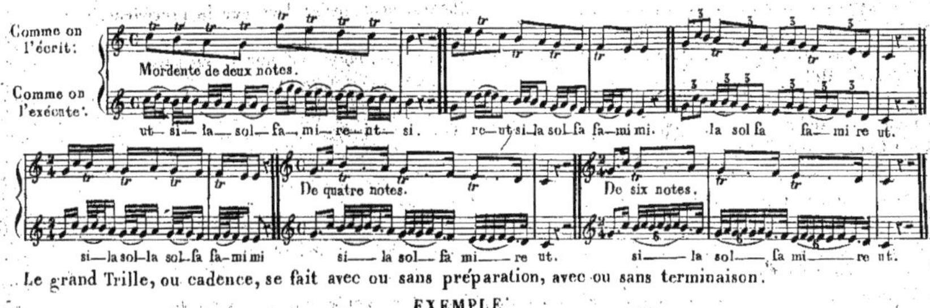

Le grand Trille, ou cadence, se fait avec ou sans préparation, avec ou sans terminaison.

EXEMPLE.

Le Trille peut être commencé doux et terminé fort, en augmentant graduellement la force des sons, ou bien
en l'augmentant jusqu'au milieu seulement, et en la diminuant ensuite jusqu'à la fin. Il se fait sur toutes
les valeurs de notes et dans toutes les mesures ; il peut se terminer à tous les intervalles ; je dirai seulement que s'il se termine à plus d'une seconde, en dessus ou en dessous, il ne doit y avoir qu'un demi-
ton de la première à la seconde note de la terminaison. EXEMPLE.

ARTICLE XI.

De la Respiration, ou de la manière de Phraser.

D. Que nomme-t-on Phraser ? — R. Un morceau de musique, comme un discours, se compose de Phrases et de
Périodes. Chaque phrase se divise en deux membres, à la fin de chaque membre de phrase qui peut avoir
deux, trois et quatre mesures, il y a un léger repos qu'une oreille bien organisée sent aisément ; c'est à
ce repos qu'il faut prendre ou une demi-respiration, ou une respiration entière ; respirer ailleurs, ou respirer trop rarement, c'est fatiguer l'auditeur et soi - même.

D. Où prend-on le temps de respirer ? — R. S'il n'y a pas ou un soupir, ou tout autre signe de silence, le
temps de respirer se prend sur la Valeur de la dernière note qu'on vient de faire. (Dans les exemples ci
après, la demi-respiration est indiquée par une Virgule, et la respiration entière par point et virgule).

EXEMPLE:

Chaque membre de cette phrase est
de trois mesures.

Chaque phrase de cette période est composée d'un membre de trois
et d'un membre de deux mesures.

Dans un Morceau lent, il est quelquefois imposible de faire, d'une seule respiration, un membre de phrase de quatre mesures; il faut chercher l'endroit le plus propre à respirer sans altérer le chant.

ARTICLE XII.

Explication des termes italiens dont on se sert pour indiquer les dégrés de vitesse ou de lenteur du mouvement de la mesure.

D. Que signifie   R...

Adagio	Posément, avec aisance.
Affettuoso	Affectusement, moins lent que le précédent.
Agitato	Agité.
Allegretto, ou All.tto	Un peu gai, moins vif que le suivant.
Allegro, ou All.o	Gaîment, mouvement vif.
Amoroso	Amoureusement.
Andante, ou And.te	Allant sans lenteur ni vitesse.
Andantino, ou And.tino	Un peu plus vîte que l'Andante.
Animato	Animé, comme Allegro.
Appassionato, ou con passione	Avec passion.
Assai, Allegro assai	Beaucoup, très gai, très vif.
Brillante	D'une manière brillante.
Brio, ou con brio	Avec éclat.
Cantabile	Chantable, modérément, aisément.
Commodo	Commodément.
Con, con espressione, ou espres, con fuoco, con grazia, con spirito, con anima	Avec, avec expression, avec feu, avec grace, avec éclat et esprit, avec ame.
Dolente	En se plaignant.
Doloroso, ou con dolore	Avec douleur.
Espressivo	Expressif.
Fieramente, ou con fierezza	Fièrement, avec fierté.
Giusto, All.o giusto	Juste, ni plus vîte, ni plus lent.
Grave	Gravement, mouvement lent.
Grazioso	Gracieusement.
Gustoso, ou con gusto	Avec goût.
Innocente, ou innocentement	Innocemment.
Lagrimoso	Larmoyant.
Lamentabile	Lamentable.
Languido	Languissant.
Larghetto	Un peu moins lent que Largo.
Largo	Largement, le plus lent de tous les mouvement.
Leggiadramente	Agréablement.
Lento	Lent.
Maestoso	Majestueusement.
Moderato, ou Mod.to	Modérément, comme l'andante.
Molto, All.o molto	Beaucoup, très gaîment.
Mosso	Emu, avec émotion.
Moto, ou con moto	Mouvement, ou avec mouvement, émotion.
Non tanto, All.o non tanto	Pas tant, pas très vîte.
Non troppo, All.o non troppo	Pas trop, pas trop vîte.
Patetico	Pathétiquement.
Pietoso	Pieusement.
Più, più presto, più mosso, più lento	Plus, plus vîte, plus animé, plus lent.
Poco, poco Allegretto	Peu, un peu gai.
Polacca, ou alla polacca	Polonaise, ou à la Polonaise.

14

Presto.	Vîte.
Prestissimo.	Très vîte.
Quasi, quasi Andante, quasi Allᵗᵗᵒ.	Presque, presqu' andante, presqu' allᵗᵗᵒ.
Religioso.	Religieusement.
Risoluto.	Résolûment
Scherzando.	En badinant.
Semplice.	Simplement.
Soave.	Suave.
Sostenuto, ou sosten.	Soutenu, mouvement un peu lent.
Spiritoso.	Avec esprit et force.
Tempo giusto.	Mouvement propre à la mesure.
Tempo, ou a tempo, ou tempo primo.	Temps, reprenez le premier mouvement.
Timoroso.	Craintif, ou avec inquiétude.
Vigoroso, ou con vigore.	Vigoureusement.
Vivace.	Vivement.

ARTICLE XIII.

Explication des termes italiens qui se rencontrent dans le courant d'un morceau.

D. Que signifie	R.
Ad-libitum.	Ralentir le mouvement à volonté.
Al, al segno.	Au, au signe.
Appassionato, ou con passione.	Avec passion.
Arco, ou coll' arco.	Archet, ou avec l'archet.
Coda.	Queue, fin d'un morceau.
Col canto, ou colla parte.	Avec le chant, ou la partie principale.
Come sopra.	Comme dessus.
Crescendo, ou cres. a poco a poco.	En augmentant peu-à-peu la force du son.
Da capo, ou D. C.	Au commencement.
Decrescendo, ou decres.	En diminuant la force du son.
Diminuendo, ou dim.	En diminuant, comme Decrescendo.
Dolce, ou Dol.	Doux.
Dolcissimo, ou Dolcis.	Très doux.
Espressione, ou Espres. ou con Espres.	Avec expression.
Espressivo.	Expressif.
Fine.	Fin.
Forte, ou *f*.	Fort.
Fortissimo, ou Fortis. ou *FF*.	Très fort.
Forzando, ou Forz. *Fz*.	En forçant le son.
Legato.	Lié.
Loco.	Lieu, jouez comme la musique est écrite.
Maggiore.	Majeur.
Mezzo, Mez. F. ou M. F. Mez. Voce.	Demi, demi-fort, à demi-Voix.
Minore.	Mineur.
Morendo, ou Morend.	En Mourant, laissant mourir le son.
Ottava, ou 8ᵛᵃ sopra, ou sotto.	Octave, à l'octave en dessus ou en dessous.
Perdendosi, ou Perdend.	En laissant se perdre le son peu-à-peu.
Piano, ou *p*.	Doux.
Pianissimo, ou Pianis. ou *pp*.	Très doux.
Pizzicato, ou Piz.	Pincez les cordes avec les Doigts.
Poco, poco *f*.	Peu, un peu fort.
Punta d'arco, ou a punta d'arco.	Avec la pointe de l'archet.
Rinforzando, ou Rinf.	En renforçant le son.

Ritardando, ou Ritard . . . . En retardant le mouvement.
Sciolto . . . . Délié, dégagé, libre.
Segue . . . . Suivez.
Sempre, sempre *p* . . . . Toujours, toujours doux.
Sforzando, ou Sforz. ou Sf. ou Fz . . . . En forçant le son.
Smorzando, ou Smorz . . . . En étaignant le son.
Solo, Soli . . . . Seul, Seuls.
Sotto, ou Sotto voce . . . . Sous, Sous la Voix, à demi-voix.
Staccato, ou Stac . . . . Détaché.
Subito . . . . Tout de suite.
Sul ponticello . . . . Jouez auprès du chevalet.
Tacet . . . . Se taire, ne pas jouer.
Tenuto, ou Ten . . . . Tenu, soutenir le son.
Tremolo, ou Tremolando, ou Trem . . . . En tremblant.
Tutti . . . . Tous.
Volti subito, ou V.S . . . . Tournez vite.

Instruction pour accompagner à trois parties, d'après ma manière de chiffrer la Basse.

Les Intervalles de Seconde, de Tierce, de Sixte, de Septième et de Neuvième représentés par les chiffres, sont majeurs ou mineurs, suivant les Dièses ou les Bémols posés à la clef.

La Seconde est représentée par un 2, la Tierce par un 3, la quarte par un 4, la quinte par un 5, la Sixte par un 6, la Septième par un 7, l'octave par un 8 et la Neuvième par un 9.

En Harmonie, les intervalles composés sont synonymes des intervalles simples; ainsi, 2 est synonyme de 9, de 16 ou de 23; 3 est synonyme de 10, de 17 ou de 24, et ainsi des autres intervalles. Remarquez cependant que 9 est synonyme de 16 et de 23, mais, malgré que 2 puisse être remplacé par 9, 9 ne peut pas être remplacé par 2: il y aurait discordance.

La petite barre qui traverse un chiffre, comme 5 ou 7, indique que l'intervalle représenté est Diminué.

La petite croix placée devant un chiffre, comme +2, ou +4, ou +6, indique que l'intervalle représenté est augmenté.

Si l'une des notes d'un accord est altérée accidentellement soit par un ♯, par un ♭ ou par un ♮, le même signe d'altération est placé devant le chiffre qui représente la note altérée.

Le trait _____ qui se trouve après un chiffre, indique que la note que représente ce chiffre doit être conservée jusqu'à ce qu'on trouve un nouveau chiffre.

Les deux exemples ci-dessous suffiront pour donner une intelligence complète de ma manière de chiffrer; sur la portée supérieure sont les deux parties de la main droite que les chiffres représentent et que j'ai écrites en notes.

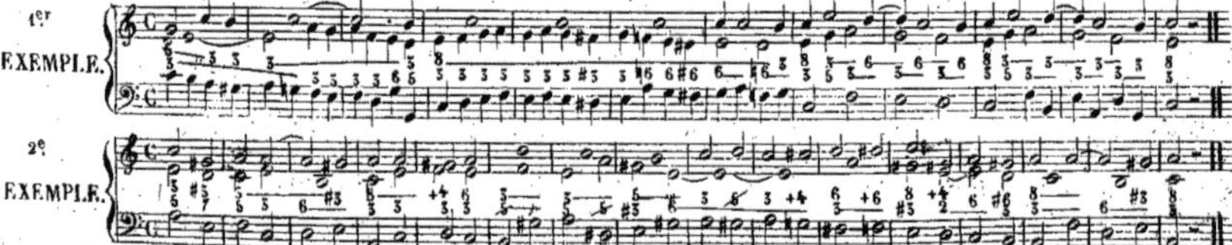

L'on voit par ces deux exemples qu'il faut observer l'ordre des chiffres, et ne jamais le renverser; on pourrait faire de très grandes fautes d'harmonie si, par exemple, au lieu de $\frac{5}{3}$ l'on touchait $\frac{3}{5}$, etc.

La main droite doit, autant que possible, conserver la même position, c'est-à-dire qu'il faut que les doigts se posent sur les notes dont ils sont le plus près, sans que la main soit obligée de faire un saut. (Voyez les deux EX).

La main droite doit ne s'écarter que le moins possible de la main gauche; ne pas monter plus haut que le Sol ou le La au dessus de la cinquième ligne, et ne pas descendre plus bas que le Sol au dessous de la portée.

Lorsqu'on vient de toucher un accord et que, pour changer de position, il est nécessaire de répéter ce même accord à l'octave en dessus ou en dessous, j'ai écrit deux fois les mêmes chiffres sans me servir des traits de prolongation, par exemple, si, au lieu de $\frac{6}{3}$ ——— l'on trouve $\frac{6}{3}\frac{6}{3}$, il est bien entendu qu'à la seconde fois, il faut monter ou descendre d'une octave, suivant la nécessité.

Nota. Avant de chanter les huit premières leçons, il faut que l'élève prenne connaissance des articles 1, 2, 3 et 4 des principes de musique.

Dans les Leçons suivantes, que l'élève ne chantera qu'après avoir attentivement étudié les arti- 17
cles 6 et 7 des principes, j'indiquerai comme ci-dessous la nature des intervalles.
Majeur....................maj.   Augmentée..............a.
Mineur....................min.   Diminuée................d.
Les quartes, les quintes et les octaves justes ne seront marquées d'aucun signe.

Gamme par intervalle de seconde.

N.º 10.

Gamme par intervalle de tierce.

N.º 11.

Résumé de la précédente leçon.

N.º 12.

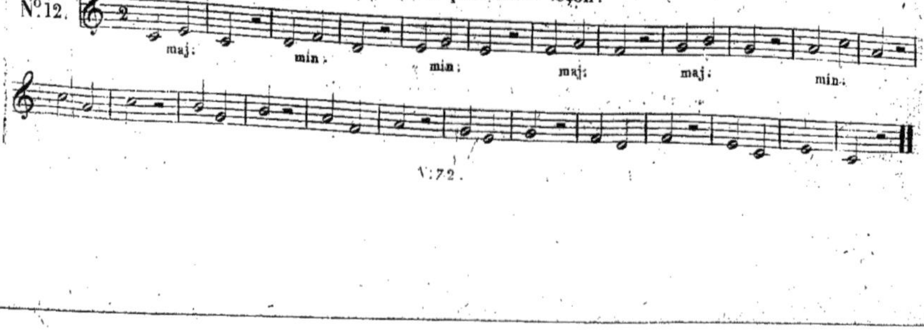

Gamme par intervalle de quarte.

Résumé de la précédente.

N.º16.

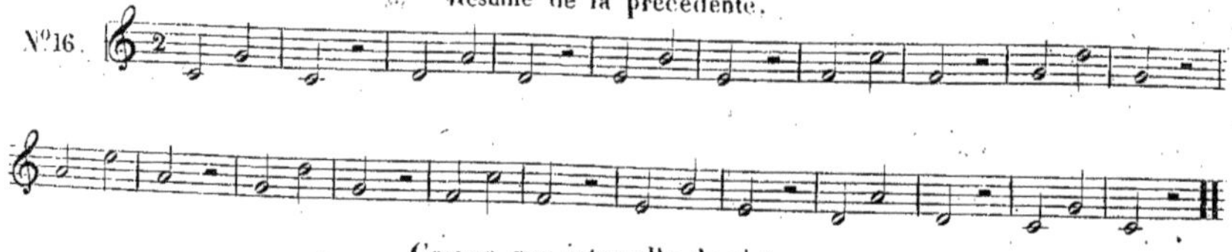

Gamme par intervalle de sixte.

N.º17.

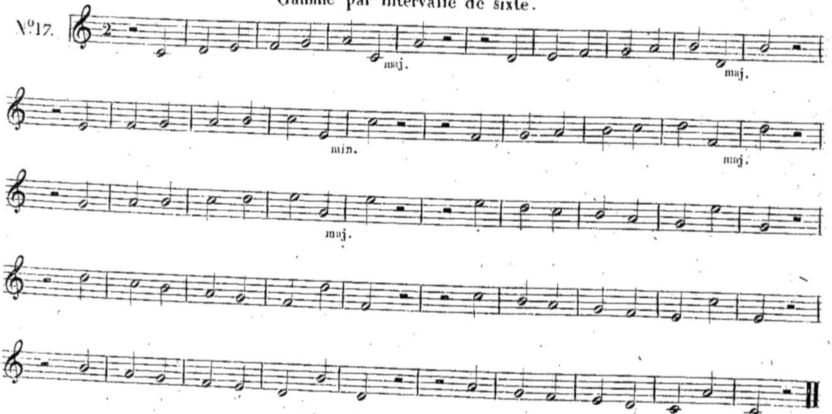

Résumé de la précédente.

N.º18.

Gamme par intervalle de septième.

N.º19.

Résumé de la précédente.

N.º 20.

Gamme par intervalle d'octave.

N.º 21.

Résumé de la précédente.

N.º 22.
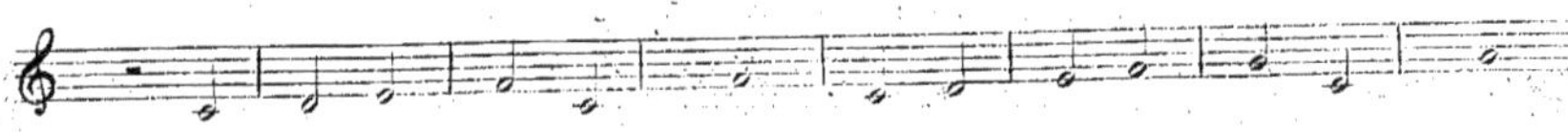

Leçon renfermant tous les intervalles.

N.º 23.

Résumé de la précédente.

N.º 24.

Leçon pour se familiariser avec l'intervalle de quinte diminuée.

N.º 25.

Leçon pour se familiariser avec l'intervalle de quarte augmentée.

N.º 26.

Étendue de la voix de premier dessus. Le 1er Ténor à la même étendue, à l'octave au dessous. Le deuxième dessus et le 2.e Ténor ont une tierce mineure de moins dans le haut, et une tierce mineur de plus dans le bas.

N.º 27.

Leçon par tierces, de ligne en ligne.

N.º 28.

Leçon par tierces, d'espace en espace.

N.º 29.

Leçon par tierces, octaves et dixièmes.

N.º 30.

Leçon par tierces et dixièmes, ou octaves de la tierce.

N.º 31.

Nota. J'ai disposé la Basse d'accompagnement de toutes les leçons de manière à ce qu'elle puisse être chantée par la voix de Basse-taille.

J'indique par une virgule les endroits où l'on peut prendre une demi-respiration, et par point et virgule les endroits où l'on peut prendre une respiration entière, ce qui ne veut pas dire qu'il faille absolument respirer à chaque endroit marqué, car on peut donner à une leçon un mouvement vif ou lent, et d'ailleurs tous les élèves n'ont pas la respiration également longue. Voici donc les règles à suivre :

Les poumons souffrent lorsqu'ils sont trop gonflés d'air ou lorsqu'ils en sont entièrement dépourvus ; il faut donc éviter de prendre de trop fortes respirations, et d'attendre le dernier souffle pour respirer. La respiration doit se prendre de manière à ce que l'auditeur ne puisse pas s'en apercevoir. (Voyez article XI).

Lisez l'article VIII (page 8) relativement aux différentes modulations qui se rencontrent et que j'indique dans le courant de chaque leçon.

Première leçon avec la basse: des rondes au chant.

Le ton d'UT majeur a pour relatifs majeurs les tons de SOL et de FA; et pour relatif mineur le ton de LA.

Leçon avec des noires.
N.º 34.
En UT maj.
En SOL. maj.
En UT.
Leçon avec des croches.
N.º 35.
En UT maj.
En SOL. maj.
En UT.
Rondes et blanches.
N.º 36.
En UT maj.
En SOL. maj.
En UT.

Rondes et noires.
N.º 37.
En UT maj.
En SOL maj.
En UT.
Rondes et croches.
N.º 38.
En UT maj.
En SOL maj.
En UT.
V. 72

Rondes, blanches et noires.
N.º 39.
En UT maj.
En SOL. maj.
En UT.
Rondes, blaches, noires et croches.
N.º 40.
En UT maj.
En SOL. maj.
En UT.

Leçon avec une blanche et quatre croches.
N.º 41.
En UT maj.
En SOL maj.
1re fois.
2e fois.
En UT
1re fois.
2e fois.
Leçon avec une longue et deux brèves.
N.º 42.
En UT maj.
En SOL maj.
En UT.
Réduction de la précédente leçon en noires et en croches.
N.º 43
En UT maj.
En SOL maj.
En UT.

Leçon avec deux brèves une longue.
N.º 44.
En UT maj.
En SOL. maj.
En UT.
Réduction de la leçon précédente.
N.º 45.
En UT maj.
En SOL. maj.
En UT.
Leçon pour observer la valeur du point après une blanche.
N.º 46.
En UT maj.
Fin.
En SOL. maj.
Da capo.

Réduction de la leçon précédente.

Nº 47.

En UT maj.

Fin.

En SOL maj.

Da capo. %

Leçon avec des noires pointées, des croches et des blanches.

Nº 48.

En UT maj.

Fin.

En SOL. maj.

Da capo %

Réduction de la leçon précédente.

Nº 49.

En UT maj.

Fin.

En SOL. maj.

Da capo %

Leçon pour observer le silence du premier temps de la mesure.

Nº 50.

En UT maj.

En SOL. maj.   En UT.
La même leçon réduite en noires pour observer le soupir.
Nº 51.
En UT maj.   En SOL.   En UT.
La même leçon réduite en croches pour observer le demi-soupir.
Nº 52.
En UT maj.   En SOL.
En UT.
Leçon avec deux noires entre deux soupirs.
Nº 53.
En UT maj.   En SOL maj.
En UT.

Réduction de le leçon précédente.

Réduction de la leçon N°. 56.
N°.57.
En UT maj.
Réduction de la leçon N°. 57.
N°.58.
En UT maj.
Réduction de la leçon N°. 58.
N°.59.
En UT maj.
Résumé des quatre leçons précédentes.
N°.60.
En UT maj.
Leçon avec une blanche faisant syncope entre deux noires.
Le Ton de LA mineur a pour relatifs mineurs les Tons de MI et de RÉ; et pour
relatif majeur le Ton d'UT. (Voyez article VIII.)
N°.61.
En LA min.
Modulation en UT maj.
En LA min.
V.72.

Réduction de la leçon précédente.
No 62.
En LA min.
En UT maj.
En LA min.
Résumé des deux leçons précédentes.
No 63.
En LA min.
En UT maj.
En LA min.
Leçon pour la mesure à trois temps, avec une blanche pointée.
No 64.
En UT maj.
Fin.
Modulation en SOL. maj.
Da capo %

Leçon avec une longue et une brève.
N.º 65.
En UT maj.
En SOL. maj.
En UT maj.
Leçon inverse de la précédente.
N.º 66.
En UT maj.
En SOL
maj.
En UT.
Résumé des deux leçons précédentes.
N.º 67.
En UT maj.
En SOL maj.
En UT.

N.º 68. Douze variations tirées du même chant, avec le résumé et la même basse servant pour toutes.

Suivez.
Fin.
En UT.
Suivez.
Fin.
Suivez.
Fin.
Suivez.
Fin.
Suivez.
Fin.
Suivez.
Fin.
Suivez.
Fin.
Suivez.
Fin.
Suivez.
Fin.
Suivez.
Fin.
Suivez.
Fin.
Suivez.
Fin.
Suivez.
Fin.
Fin.

Leçon pour apprendre à syncoper deux notes égales.

En UT.
Gamme par demi-tons avec des dièses. (Voyez article 6).
N.º 72.
Gamme par demi-tons avec des bémols.
N.º 73.
Gamme résumé des deux précédentes.
N.º 74.
même son.
même son.
même son.
même son.
même son.
Leçon pour les notes d'agrément. (Voyez article 10).
Si
Ré
Ré
Mi
Ré
Ut
Si
N.º 75.
En UT maj.
En SOL maj.
En UT.

Ut.
Si.
Ré.
Ut.
N.º 76.
En UT maj.
En SOL maj.
En UT.
Leçon pour se familiariser avec le premier dièse et le premier bécarre.
N.º 77.
En UT maj.

Allegretto.

(Voyez article 12 pour l'indication du mouvement).

N.º 78.

En UT maj.

En SOL maj:

En UT.

Allegretto.

N.º 79.

En UT maj.

En SOL maj.

En UT.

Leçon pour se familiariser avec le Sol dièse accidentel.

41
Andantino.
N°82
En LA min.
En UT maj.
En LA min.
N°83
Andantino.
En LA min.
En UT maj.
En LA min.   Repos sur MI sans cesser d'être
en LA min
V.72.

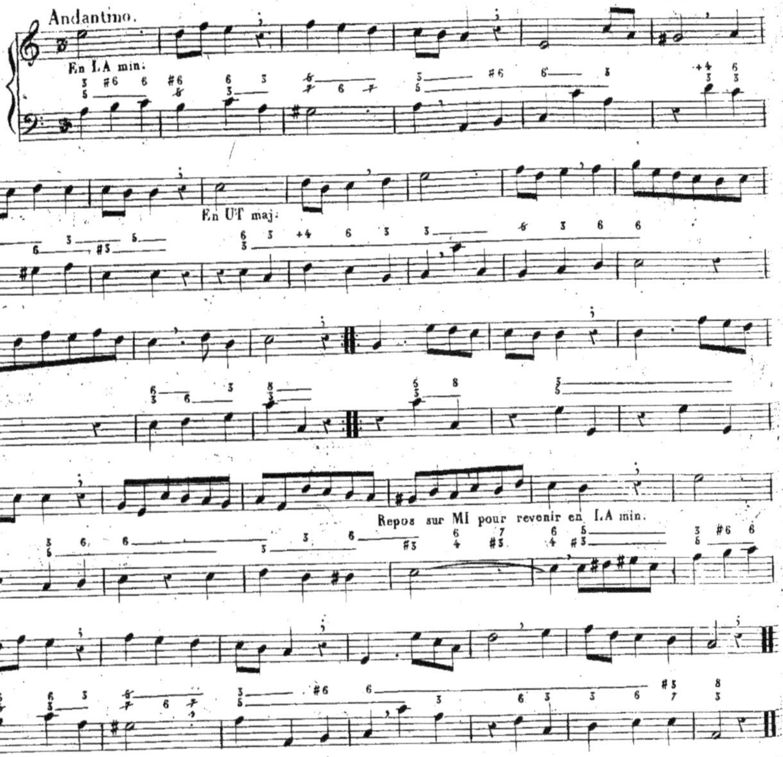

Leçon pour se familiariser avec les deux premiers dièses.
Le Ton de SOL majeur a pour relatifs majeurs les tons de RÉ et d'UT;
et pour relatif mineur le ton de MI.

Andante.
N°.86.
En SOL. maj:
Modul: en RE maj:
Retour en SOL.
V:72.

44
Moderato.
N.º 87.
En SOL maj:
En RE maj.
Retour en SOL.
Allegretto.
N.º 88.
En SOL maj:
En RE maj:
Retour en SOL.
V. 72.

La même leçon que ci-dessus mise à six-huit.
Allegretto.
N°89.
En SOL. maj.
En RÉ maj.
Retour en SOL.

Andante.
N.º 90.
En SOL. maj:
En RE. maj:
Retour en
SOL.
Andante.
N.º 91.
En SOL. maj:
Retour en
SOL.
V. 72.

Réduction de la leçon précédente, au moyen de la mesure à trois-huit.

48
Nº 95.
Allegretto.
En SOL maj.
Modul. en RE maj.
Retour en SOL.
Modul. en LA min.
Modul. en MI min. Repos sur
SI. Retour en SOL.
V. 72.

Grazioso.
En SOL. maj.
Modul. en
N° 96.
RE. maj.
Modul. en
LA min.
Retour en SOL.

50
Leçon pour se familiariser avec le RÉ et LA dièses accidentels.
Le Ton de Mi mineur a pour relat. min. les Tons de SI et de LA; et pour relatif
majeur le Ton de SOL.
Nº 97.
En Mi min.
En SI min.
Retour en
Mi min.
Andantino.
Nº 98.
En Mi min.
Mod. en
SOL maj.
En Mi min.
Allegretto.
Nº 99.
En Mi min.
1ere fois.
2e fois.
En SOL maj
1ere fois.
2e fois.
En MI.
V.72

Leçon pour se familiariser avec les deux premiers bémols.
Le Ton de FA majeur a pour relatifs majeurs les Tons d'UT et de SI b;
et pour relatif mineur le Ton de RÉ.
Nᵒ 100.
En FA maj.
SI b maj.
En FA.
Andantino.
Nᵒ 101.
En FA maj.
En UT maj.
En FA.
V.72.

52
Allegretto.
N.º 102.
En FA maj.
En UT.
En FA.
V.72.

Allegro.

N.º 103.

Leçon pour se familiariser avec l'Ut et le Sol dièses accidentels.

Le Ton de RE mineur a pour relatifs mineurs les Tons de LA et de SOL; et pour relatif majeur le Ton de FA.

Allegro.
N.° 106.
En RE min.
Mod. en FA.
Repos sur UT.
En SOL min.
Repos sur RE.
En LA min.
Repos sur MI.
En LA min.
Retour en RE.

Leçon pour se familiariser avec l'Ut et le Sol dièses.

Le Ton de RÉ majeur a pour relatifs majeurs les Tons de LA et de SOL ; et pour relatif mineur le Ton de SI.

Retour en RE.
Moderato.
En RE maj.
Nº 110.
Cadence en LA maj.
En RE.

Moderato.
Nº 111.
En RE maj.
En LA.
En RE.
Moderato.
Nº 112.
En RÉ maj.
En LA.

En RÉ.
V. 72.

Andante.
N.º 113.
En RE maj.
Modul. en
LA.
Retour en RE.
Andante.
N.º 114.
En RE maj.
En LA.
En RE.
Marche.
N.º 115.
En RE maj.
En LA.

Retour en
RÉ.
Moderato:
Nº 116.
En RÉ maj:
Cadence en LA.
Retour en RÉ.

Leçon pour se familiariser avec le La et le Mi dièses accidentels.

Le Ton de SI mineur a pour relatifs mineurs les Tons de FA# et de MI; et pour relatif majeur le Ton de RÉ.

Variation.
N°. 120.
Leçon pour se familiariser avec le Mi et le La bémols.
Le Ton de SI ♭ majeur a pour relatifs majeurs FA et MI ♭; et pour
relatif mineur le Ton de SOL.
N°. 121.
En SI ♭ maj.

Moderato.
N.º 122.
En Si b maj.
Modul.   en
1.ᵉ fois.   2.ᵉ fois.
FA.
1.ᵉ fois.   2.ᵉ fois.
Retour   en   Si b.
1.ᵉ fois.   2.ᵉ fois.
1.ᵉ fois.   2.ᵉ fois.
Allegro moderato.
N.º 123.
En Si b maj.
Modul.   en   FA   maj.

En SI b.
Modul.
en UT min.
Modul.
en
SOL min:
Retour
en
SI b.
V. 72.

Leçon pour se familiariser avec le Fa et l'Ut dièses accidentels.

SOL. min. a pour relat. min. RÉ et UT; et SI ♭ pour relat. maj.

Allegro moderato.
67
No 126.
En SOL min.
Modul. en SI♭ maj.
Modul. en UT min.
En MI♭ maj.
Repos sur RE.
En SOL min.
V. 72.

Leçon pour se familiariser avec le Sol et le Ré dièses.

LA maj. a pour relat. maj. MI et RÉ; et FA # pour relat. min.

En LA min.
Repos sur MI maj.
En
LA maj.
Andantino.
N.º 129.
En LA min.
Modul. en UT maj.
En LA min.
V. 72.

Leçon pour se familiariser avec le Mi et le Si dièses accidentels.

FA# min. a pour relat. min. UT# et SI ; et LA pour relatif majeur.

Modul.
en MI maj.
Modul. en UT# min.
Retour
en LA maj.
V. 72.

Allegro moderato.

Nᵒ 133.

Moderato.

Nᵒ 134.

Modul. en MI maj.
Retour en LA. En FA# min.
Modul. en UT# min. Retour en LA.
Modul. en RÉ maj. Retour
en LA.

Leçon pour se familiariser avec le LA et le RÉ bémols.

MI♭ maj. a pour relat. maj. SI♭ et LA♭; et UT pour relat. min.

Allegro moderato.
Nº 137.
En MI♭ maj.
Modul. en SI♭ maj.
Modul.
en
UT min.
Modul.
en SI♭ maj.
Retour en MI♭.

Andantino.
N°138.
En MI b maj.
Modul.
en SI b maj.
Retour en MI b.
Adagio.
N°139.
En MI b maj.

Repos sur FA, pour passer en SI b maj.
Retour en MI b.
En UT min.
Retour en MI b.

Allegro.
Nº140.
En MI♭ maj.
Fin.
En SI♭ maj.
Repos sur FA maj.
En SI♭.
Retour
en
MI♭.
Repos sur SI♭.
D.C.
Leçon pour se familiariser avec le premier bécarre accidentel.
UT min. a pour relat. min. SOL et FA; et MI♭ pour relat. maj.
Nº141.
En UT min.
En SOL. min.
Retour
en
UT min.
Allº moderato
Nº142.
En UT min.

Repos sur SOL. Modul en
FA min.
Modul
en MI b maj.
Modul.
en SOL. min.
Retour   en
UT .min.
V. 72.

Leçon pour se familiariser avec le RÉ et le LA dièses.
Mi maj. a pour relat. maj. SI et LA; et UT# pour relat. min.
N°143.
En MI maj.
En SI maj.
En MI.
Moderato.
N°144.
En MI maj.
En SI maj.
Retour en MI.

Modul. en LA - maj. Modul. en
FA# min. Modul. en UT# min. Repos sur SOL# maj.
En UT# min.
Retour en MI maj.

Adagio.
N.º 145.
En MI maj.
En SI maj.
En MI maj.
V.72.

Andante.
N.º146.
En MI maj.
Modul. en SI maj.
En MI.
En LA maj. En FA# min. En SI maj. En SOL# maj. En UT# min.
Retour En MI.
V. 72.

Moderato.
N.º 147.
En MI maj.
Modul. en SI maj.
Retour
en MI.
Modul.
en
UT# min.
Retour en MI.
Repos sur SI.
En MI
V. 72.

Leçon pour se familiariser avec le Si dièse accidentel et le Fa double dièse.
UT.# min. a p.r relat. min. SOl. # et FA #; et MI p.r relat. maj.

Andantino.
N° 150
En UT# min.
Repos sur
SOL# maj.
En UT# min.
En FA# min.
Repos sur SI maj.
En MI maj.
En UT# min.
Modul. en
FA# min.
Retour en UT# min.
V. 72.

All°. moderato.
N°. 151.
En UT# min.
Modul. en SOL# min.
En MI maj.
Retour en.
UT# min.
Solo
V. 72.

Leçon pour se familiariser avec le Ré et le Sol bémols,
LA♭ maj. a p.ᵉ relat. maj. MI♭ et RÉ♭; et FA p.ʳ relat. min.

N° 152.

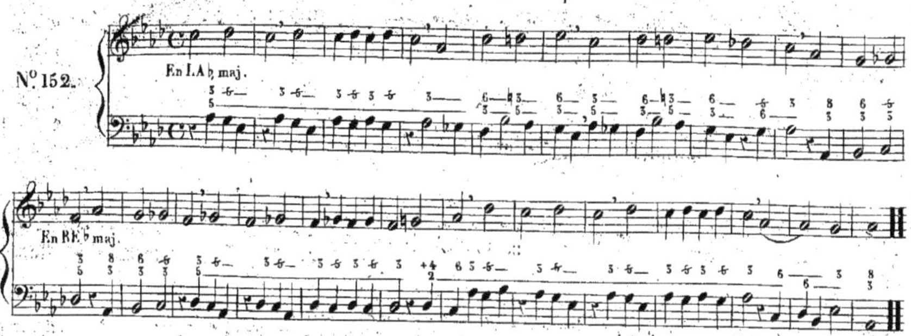

Dans la ligne ci-dessous, à l'endroit marqué ✛, il faut nommer l'UT et le SI, c'est-à-dire, la première et la dernière des quatre notes, et couler les deux notes du milieu sans la nommer.

Aux deux endroits marqués ✱, il faut considérer comme Appoggiature la 1ᵉʳᵉ des deux notes surmontées d'un ‿ et nommer tout de suite la seconde, comme je l'ai indiqué.

N° 153.

Andante.
N.º 154.
En LAb maj.
Ré—ré
Modul. on
MIb maj.
En LAb maj.

Andantino.
N.º 155
En LAb maj.
Modul. en MI b maj.
Modul. en SIb min.
Retour en LAb maj.
Allº moderato.
N.º 156
En LAb maj.
Modul. en MI b maj.

Retour en I.Ab maj.
Modul. en
UT min.
Modul. en
FA min.
Retour en
I.Ab.

Leçon pour se familiariser avec le Mi et le Si ♮ accidentels.

FA min. a p.ᵣ relat. min. UT et SI ♭; et LA ♭ p.ᵣ relat. maj.

Dorénavant je n'indiquerai plus la respiration aux endroits
où il y aura un signe de silence.

All.º moderato.

En FA min.
Modul.
en   UT min.
En   FA min.
V. 72

Andante.
Nº 159.
En FA min.
Modul. en UT min.
Modul. en LAb maj.
En FA min.
V.72.

Leçon pour se familiariser avec le La et le Mi dièses.

SI maj. a p.ʳ relat. maj. FA# et MI; et SOL# p.ʳ relat. min.

Affettuoso.
Ré.
N.º 163.
En SI maj.
Modul.
en FA# maj.
Retour en SI.
En MI. En SI.
Allegretto.
N.º 164.
En SI maj.
En FA# maj.
V. 72.

En SI.
Modul. en SOL.# min.
Modul. en UT# min.
Retour en SI Maj.

Moderato.
Suivez.
En SI maj.
En FA# maj.
Suivez.
Suivez.
Nº 165.
Suivez.
Suivez.

Andante.
Suivez.
En SI maj.
En FA# maj.
Suivez.
Suivez.
Nº 166.
Suivez.
Suivez.
Suivez.

Suivez.
En SI.
Suivez.
Suivez.
Suivez.
Suivez.
Suivez.
En SI.
Suivez.
Suivez.
Suivez.
Suivez.

Affettuoso.
N.º 167.
En SI min.
En RE maj.
En MI.
Repos sur FA#.
En SI min.
Allegro.
Repos sur FA# maj.
En SI maj.
Ut.
La.
En FA# maj.

V. 72.

Leçon pour se familiariser avec le Fa et l'Ut double - dièses.

SOL # min. a p.ᵉ relat. min. RE # et UT #; et SI p.ᵉ relat. maj.

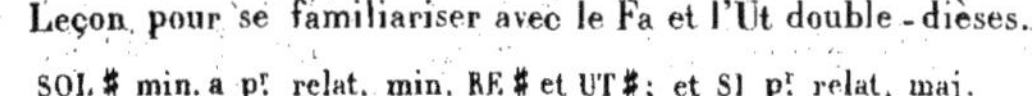

Nᵒ 168.

Nᵒ 169.

Retour en
SOL.# min.   Repos sur RE# maj.   En SOL.# min.
En   UT# min.
Retour   en   SOL.# min.   Repos sur RE# maj.   En SOL.# min.

Leçon pour se familiariser avec le Sol et l'Ut bémols.

Relat. maj. LAb et SOLb ; Relat. min. SIb.

Allo. moderato.
No 172.
En REb maj.
Mi
Modul. en LAb maj.
En REb.
En SOLb maj. En MIb min.
Repos sur LAb.
En REb.
V. 72.

Leçon pour se familiariser avec le La et le Mi ♮ accidentels.

Moderato.
N.º 175.
En SI b min.
Modul. en RE b maj.
En SI b min.
Leçon pour se familiariser avec le MI et le SI dièses.
Relat. maj. UT# et SI.Relat.min. RE#.
N.º 176.
En FA# maj.
En UT# maj.
Retour en FA#.

V.72.

Leçon pour se familiariser avec l'UT et le SOL double-dièses.
Relat. min. LA# et SOL#. Relat. maj. FA#.

110
Leçon pour se familiariser avec l'UT et le FA bemols.
Relat. maj. RÉ b et UT b. Relat. min. MI b.
N.º 180.
En SOL b maj.
En UT b
maj.
En SOL b.
N.º 181.
En SOL b maj.
En RÉ b maj.
Retour en SOL b.
V.72.

Leçon pour se familiariser avec le Ré et le La bécarres accidentels.
Relat. min. SI b et LA b. Relat. maj. SOL b.
Nº 182.
En MI b min.
En SI b min.
Retour en MI b min.
Moderato.
Nº 183.
En MI b min.
En SI b min.
En SOL b maj.
Retour en MI b min.
Repos sur SI b maj.
En MI b min.

Moderato
Nº 184.
En SOL. min.
En SIb maj.
Repos. sur RE. maj.
Retour
en
SOL. min.

V. 72.

Allo. moderato.
No. 185.
En FA maj.
En UT maj.
En FA.
Modul.
pour
passer
en
RE min.
Retour
en
FA maj.
V. 72.
113

No. 186.

Modul.
en FA min.
Mi — Ut
Modul.
en UT min.
Retour
en MI b maj.
V.72.

Allo. Moderato.
No.187.
En LA min.
Repos sur MI maj. En UT maj.
Repos sur SOL maj. En UT maj.
Modul. en
FA maj. En RE min.

Repos sur LA maj. En RÉ maj. En SOL min. En
UT maj. En FA maj. Retour en LA min. Repos sur MI maj. En
LA min.

N.º 188.
All.º moderato.
En LA maj.
En MI maj.
Repos sur SI maj.
En MI maj.
En MI maj.
En SI min. En MI maj.
En LA maj. En FA# min.
V.72.

119
En FA#maj.
En
SI min.
En SI maj.
En
MI maj.
En
LA maj.
V.72.

Allo Moderato.
En RE maj.
En LA maj.
V. 72.

En RÉ maj.
En SI min.
Retour   en
RÉ   maj.
V. 72.

Andantino.
Nº 190.
En SOL maj.
Modul.
en RE maj.
Modul.
en LA min.
Repos sur RE maj. En SOL. En MI min.
Retour
en SOL. maj.

Echelle diatonique pour apprendre à connaître les notes de la clef
d'UT sur la première ligne. (Voyez article 1).
Nº 191.
UT RÉ MI FA SOL LA SI UT RÉ MI FA SOL LA
Echelle disjointe, pour distinguer facilement
les notes sur les lignes.
Echelle disjointe, pour distinguer facilement
les notes sur les espaces.
UT MI SOL SI RE FA LA RE FA LA UT MI SOL
Nº 192.
En UT maj.
Repos sur SOL maj.
Nº 193.
En UT maj.
En SOL maj.
En RÉ min.
Retour en UT maj.

Andante.
N.º 194.
En LA min.
En UT maj.
Retour en LA min.
Andante.
N.º 195.
En LA maj.
En MI maj.
Retour en LA maj.

Moderato.
Nº196.
En j.A maj.
Fin.
Fin.
Modul.
en MI maj.

Amoroso.
N.º 197.
En LA min.
Modul.
en MI min.
En UT maj.
En RÉ maj. Repos sur MI pour retourner
en LA min.
Fin.
En LA maj
Fin.
Allegretto.
N.º 198.
En UT maj.
Cadence en SOL maj.
Retour en UT maj.

Allegretto.
Nº 199.
En FA maj.
Fin.
Modul.
en
UT maj.
Allegretto.
Nº 200.
En UT maj.
Fin.
Fin.
En SOL. maj.

Allegretto,
Nº 201.
En LA min.
Fin.
En UT maj.
Fin.
Affettuoso.
Nº 202.
En MI min.
Cadence en SI min.
En LA min.
En MI min.
En SOL maj.
En LA min.

En MI min.
Moderato.
Nº 203.
En SOL. min.
En RE min.
En SI b maj.
Retour   en   SOL. min.
V. 72.

La seule Voix qu'on écrive aujourd'hui sur la clef d'UT 3.° ligne, est la Voix de femme qu'on appelle Contr'Alto, ou troisième dessus; mais à l'époque où Rodulphe fit ces Solféges, on écrivait sur cette clef (en France seulement) la Voix de 1.er Ténor qu'on nommait improprement, Haute_Contre. Maintenant qu'on a rendu à cette Voix le nom qui lui appartient, on l'écrit sur la clef d'UT 4.° ligne.

J'ai donc disposé les leçons suivantes pour la Voix de 3.° dessus. Elles peuvent être chantées aussi par la Voix de Basse_Taille qui a la même étendue que le 3.° dessus, à une octave plus bas.

Etendue de la voix de 3.° dessus.

Andantino.
En RE maj.
N.º 207.
Modul. en LA maj.
Retour en
RE.
Andantino.
En RE min.
N.º 208.
Retour en RE min.
En FA maj.

Allo Moderato.
No 209.
En SOL. maj.
Modul. en RÉ. maj.
Retour en SOL.
Andante.
No 210.
En Si b maj.

Modul. en FA maj.
Retour en Sib.
1re Fois.
2e Fois.
Larghetto.
En Sib maj.
En FA maj.
No 211.
Retour en Sib.

Repos sur FA. Segue.
Allo. moderato.
En Sib maj.
No 212.
Modul. en FA maj.
Modul en RE min.
En Sib.
V. 72.

Clef d'Ut sur la quatrième ligne. (Voyez article 1er)
Étendue de la Voix de 1er. Ténor.

156
Andante.
Nº 217.
En SI♭ maj.
Modul. en FA maj.
Retour en SI♭.
Moderato.
Nº 218.
En RE maj.
Modul. en LA maj.
Retour en RE.
V. 72.

Andante.
En RE maj.
N° 219.
Cadence en LA maj.
Retour en RE.
Allegretto.
En La maj.
N° 220.
Cadence en MI maj.
Retour en
LA.
Andante.
En LA min.
N° 221.
En UT maj.
Modul. pour faire

un repos sur MI.
Allo. moderato.
No 222.
En SOL maj.
En RE maj.
En SOL.
V.72.

Clef de FA sur la 4ᵉ ligne. (Voyez article 1ᵉʳ)

Etendüe de la Voix de Basse. Le 3ᵉ dessus a la même étendue, à une octave plus haut.

140
N.° 227.
Allegretto.
En RÉ maj.
Modul. en LA maj.
Retour en RÉ. Repos sur LA maj. pour retourner en
N.° 228.
Allegretto.
En FA maj.
Modul. en UT maj.
Retour en FA.
V. 72.

Moderato.
N.º 229.
En Si♭ maj.
Modul. en FA maj.
En UT min. Retour en Si♭.
V. 72.

Moderato.
Nº 230.
En Sib maj.
Modul.   en   FA maj.
En Sib.
V. 72.

Allo. moderato.
No 231.
En SOL maj.
Modul. en RE maj.   Repos sur LA.   En RE.
Retour en SOL.
Modul. en MI min.   Retour en
SOL.   Repos sur RE.   En SOL.
V. 72.   Gravée par Mme Horloski.